ÉLOGE FUNÈBRE

DE L'ABBÉ

JEAN-MARIE LAPEYRE

CURÉ DE SAINT-ÉMILION

décédé le 13 mars 1868

PRONONCÉ DANS L'ÉGLISE DE SAINT-ÉMILION, LE 15 AVRIL 1869

Par l'abbé Ernest BEAU

Docteur en Théologie, Aumônier de l'Hôpital Saint-André.

BORDEAUX

CHEZ CODERC, DEGRÉTEAU ET POUJOL

(Maison LAFARGUE)

Rue du Pas Saint-Georges, 28

—

1869

ÉLOGE FUNÈBRE

DE L'ABBÉ

JEAN-MARIE LAPEYRE

CURÉ DE SAINT-ÉMILION

décédé le 13 mars 1868

PRONONCÉ DANS L'ÉGLISE DE SAINT-ÉMILION, LE 15 AVRIL 1869

Par l'abbé Ernest BEAU

Docteur en Théologie, Aumônier de l'Hôpital Saint-André.

BORDEAUX

CHEZ CODERC, DEGRÉTEAU ET POUJOL

(Maison LAFARGUE)

Rue du Pas Saint-Georges, 28

—

1869

Bordeaux — Imp. de F. Degréteau et Cie.

On lit dans le Journal l'*Aquitaine* :

« La semaine qui vient de s'écouler laissera de chers souvenirs à l'Église et au diocèse de Bordeaux en particulier.

» Dimanche dernier, tous les cœurs catholiques s'unissaient dans le monde entier pour remercier Dieu des longs jours qu'il daigne accorder au bien-aimé Pontife dont la main si habile dirige depuis plus de vingt ans, et à travers tant d'écueils, la barque de Saint-Pierre.

» Mardi, c'était fête aussi, et grande fête à Bordeaux. Les fidèles du diocèse avaient de pareilles actions de grâces à rendre à Dieu pour un bienfait semblable. Et, à voir la verte vieillesse de notre vénéré Cardinal, notre reconnaissance devra durer longtemps encore.

» Jeudi, c'était le tour de Saint-Émilion. Ici, il est vrai, au lieu d'hymnes de joie et de reconnaissance, on entendait des chants funèbres. C'était l'anniversaire de la mort d'un pasteur tendrement regretté. Mais il y a de la douceur jusque dans les regrets que laissent sur la terre ceux qui, après une sainte vie, se sont endormis dans le Seigneur. Tel service pour un mort ne ressemble-t-il pas à une commémoraison de saint? N'est-il pas une sorte de canonisation prononcée par l'amour et le respect d'un peuple autour du cercueil d'un homme de bien? Personne, dans la contrée que nous venons de visiter, ne met en doute la sainteté de M. Lapeyre; son éloge était dans toutes les bouches, et beaucoup, au lieu de prier pour le repos de son âme, étaient tentés, je crois, de l'invoquer.

» La vaste basilique de la vieille cité, si belle et si imposante dans sa pauvreté, était remplie d'une foule considérable, accourue de la paroisse et de toutes les communes voisines. Le sanctuaire, le chœur et la chaire étaient tendus de noir. Vers le milieu de la nef s'élevait un catafalque, sur lequel reposaient, dans un cercueil de plomb, les restes exhumés du défunt. Au-dessus étaient déposés, selon l'usage, les insignes de la dignité sacerdotale.

» M. l'abbé Célérier, le nouveau curé, n'avait rien négligé pour rendre cette solennité digne de celui qui en était l'objet.

» Un clergé nombreux, venu de tous les points du diocèse, rehaussait de sa présence la pompe de la cérémonie. On remarquait surtout MM. Chabannes, curé de Libourne, Fellonneau, curé de Saint-Paul de Bordeaux, tous deux prédécesseurs de M. Lapeyre à la cure de Saint-Émilion.

» C'est le frère du défunt, M. l'abbé Lapeyre, curé de Branne, qui a chanté la messe.

» Après l'évangile, un enfant de Saint-Émilion, M. l'abbé Beau, aumônier de l'Hôtel-Dieu de Bordeaux, a prononcé l'éloge funèbre du bon curé.

» *Pastor bonus!* s'est-il écrié, en commençant; et tout son discours n'a été que l'éloquent commentaire de cette

parole touchante de l'Évangile : car cette parole, nul mieux
que M. Lapeyre n'a su la réaliser par une vie d'abnégation,
de généreux dévouement et de charité. L'orateur a suivi l'ex-
cellent curé dans toutes les phases d'une carrière où chaque
pas fut marqué par une bonne œuvre, par un de ces actes sublimes aux yeux de Dieu et que le monde ignore, ou qu'il
daigne à peine honorer d'un regard.

» Il a d'abord cherché le fils dans la mère chrétienne, et
nous a montré Marie Bournet, aux mauvais jours, fidèle à sa
foi jusqu'à affronter le martyre ; âme vraiment héroïque, et
qui dut à son intrépidité même de n'être pas victime.

» Bon sang ne peut mentir. L'orateur a raconté dans les
moindres détails, sans reculer devant les plus naïfs, la jeunesse recueillie et laborieuse du lévite au séminaire, ses
pieuses angoisses lorsqu'on hésitait, pour un léger défaut de
langue, à lui conférer le sacerdoce ; et, à partir de l'ordina-
tion, cette longue suite d'actes, si glorieusement monotones,
de désintéressement, de zèle, de sacrifice, de piété exem-
plaire, de bonté inépuisable, de libéralité pour la paroisse et
pour les pauvres, portée jusqu'à l'imprudence, jusqu'à l'entier oubli de soi-même et des siens ; toutes ces vertus enfin
dont le principal mérite est de vouloir paraître communes,
dont l'humilité n'est que trop souvent prise au mot, et que
le panégyriste a pour devoir de venger des dédains d'un siècle
qui ne sait adorer que l'orgueil et le plaisir.

» M. Beau était évidemment pénétré de son sujet ; et il
n'est pas étonnant qu'il se soit tenu constamment à la hauteur
d'une si belle tâche. Son débit net et fortement accentué, son
geste noble et aisé, son action vive et naturelle autant que
variée, venaient en aide à la vigueur de la pensée, aux élans
de l'imagination, à l'élévation des sentiments, à la vérité et
à la profondeur de l'émotion.

» Après la cérémonie, la foule s'est mise en procession à
la suite du cortége, pour accompagner le cercueil au champ
du repos; et les restes vénérés ont été déposés dans le monu-
ment funéraire que les habitants se sont fait un honneur
d'ériger eux-mêmes à la mémoire de leur cher curé.

» D'ARRIPE ,
» **Licencié ès-lettres.** »

ÉLOGE FUNÈBRE

DE L'ABBÉ

JEAN-MARIE LAPEYRE

CURÉ DE SAINT-ÉMILION.

Pastor bonus,
Un bon Pasteur.
(S. JOANN., X, 11.)

MES TRÈS-CHERS FRÈRES,

Qui aurait cru, il y a treize ans, lorsque M. Lapeyre entrait pour la première fois dans cette église, que nous le pleurerions sitôt, et que moi, qui n'étais encore qu'un jeune séminariste, j'étais destiné à prononcer sitôt son éloge funèbre !

Quelle n'eût pas été notre surprise, quelle n'eût pas été notre douleur, si une voix mystérieuse eût fait retentir à nos oreilles cette triste prophétie !

Tant est vraie cette parole de l'Esprit saint : Il ne vous appartient pas de connaître les temps ni les moments que le Père a marqués dans sa puissance, *Non est vestrum nosse tempora vel momenta, quæ Pater posuit in suâ potestate.* (Act. Ap. 1, VII.)

Nous ne voulions pas croire à ce malheur, l'an passé ; et aujourd'hui encore , nous aurions peine à y ajouter foi , si le deuil dont nous sommes environnés , si les chants des morts, qui pleurent sous les voûtes de notre vieille basilique, si ces pompes funèbres , si ce sépulcre enfin ne nous forçaient à courber la tête, et à répéter dans l'amertume de notre âme : *Ploremus coram Domino !* Pleurons devant le Seigneur. » *Ps* (94 p. 3.)

M. F. , c'est la consolation de ceux qui restent encore sur la terre , de songer à ceux qui sont partis. Voilà pourquoi, faisant trêve à tous vos travaux , vous êtes venus en si grand nombre vous presser autour de cette dépouille mortelle.

Vous êtes venus « verser des larmes avec des prières » sur ces restes chers et vénérés ; mais, n'êtes-vous pas venus aussi pour entendre parler de celui qui n'est plus ?... Vous voulez le voir ! vous voulez l'entendre encore une fois.

Je vais donc essayer, pour satisfaire votre piété filiale, de ressusciter par la pensée, ce cher mort, que nous avons tant pleuré. Je ne me fais pas illusion, la tâche est difficile ; mais, je compte sur la grâce de Dieu ; ne puis-je pas aussi compter un peu sur les inspirations de mon cœur ?.....

Mes Frères ,

Le Christianisme n'a pas seulement produit de grandes idées et de puissantes institutions ; il a produit aussi de grands caractères, de nobles et puissantes figures. C'est le Christianisme, en effet, qui a enfanté les Apôtres et les Martyrs ; c'est lui qui a fait naître les Confesseurs et les Vierges ; figures extraordinaires, que le monde ne connaissait pas avant Notre-Seigneur Jésus-Christ, et qu'il contemple depuis dix-huit siècles, sans pouvoir ni les ex--pliquer, ni les comprendre.

Or, entre toutes ces créations du Christianisme, plus belles et plus sublimes les unes que les autres, je ne sais, s'il en est une plus sublime ou plus belle, que l'humble figure de cet homme de Dieu, que nous appelons : *un Curé* ; et à qui la Sainte Écriture et le langage liturgique donnent le nom si doux de Pasteur des âmes : *Pastor animarum.*

Oui, c'est une grande et belle chose qu'un bon Pasteur des âmes. Car, être Pasteur des âmes, c'est porter, en même temps dans son cœur, le zèle des Apôtres, le courage des Martyrs, la fidélité des Confesseurs et la pureté des Vierges [1].

L'humble prêtre dont le souvenir nous réunit aujourd'hui, fut précisément cette grande et belle chose : ce fut, dans toute la force du terme, un bon Curé, un bon Pasteur des âmes : *Pastor bonus.*

J'ai cherché dans la Sainte Écriture, et je n'ai pas trouvé de mot, qui résumât mieux la vie si sainte de celui que nous pleurons.

Oui, M. Lapeyre fut un bon Pasteur des âmes! *Pastor bonus.*

Vous le savez, comme moi, vous, Prêtres vénérables,

---

[1] Bonus Pastor, et talis qualem vult Christus, innumeris certat martyriis. (*S. Jean Chrysostome*, sermon 29.)

qui êtes venus de tous les points de ce vaste Diocèse, pour honorer jusque dans la mort celui pour qui vous aviez tant de respect et une si tendre affection, lorsqu'il était encore sur la terre.

Vous le savez aussi, mes chers compatriotes, vous, qui l'avez vu à l'œuvre pendant plus de douze ans.

Mais, vous ne connaissez qu'une faible partie de cette noble existence; je voudrais vous la raconter tout entière.

Après m'avoir entendu, vous comprendrez, mieux peut-être que vous ne l'avez fait jusqu'ici, combien vous devez remercier Dieu de vous avoir donné un si digne Curé.

Et nous, Messieurs, honorés comme M. Lapeyre, de la gloire du Sacerdoce, nous apprendrons, à son école, quels chemins nous devons suivre pour être à la hauteur de notre saint ministère.

Mes Frères,

Celui qui devait être un jour votre Pasteur, naquit, le 9 mars 1804, non loin de ces côteaux où il a rendu sa belle âme à Dieu, dans la ville de Sainte-Foy, de parents artisans, mais qui avaient droit de bourgeoisie.

Ce n'est pas sans raison que la divine Providence, dont toutes les voies sont pleines de sagesse, plaça, en pays protestant, le berceau de son serviteur. Elle voulait sans doute qu'il comprît, de bonne heure, quel était le malheur des âmes que l'hérésie retient dans ses ténèbres; elle voulait aussi qu'on pût dire un jour, de cet enfant, comme de l'Apôtre saint Paul, au milieu d'Athènes : « *Incitabatur* » *spiritus ejus in ipso*, *videns idololatriæ deditam civitatem.* « Son cœur s'indignait en voyant cette cité livrée à l'ido- » lâtrie.[1]

Du reste, soyez sans inquiétude ; le berceau de cet enfant est un berceau bien gardé.

Lorsque Dieu a de grands desseins sur un homme, il met d'ordinaire, près de son berceau, un de ces anges terrestres, que nous appelons : Une mère chrétienne.

Comme toutes les mères qui connaissent et qui aiment Notre–Seigneur Jésus-Christ, la mère du jeune Lapeyre était digne de ce beau nom ; elle comprenait toute la sainte grandeur de son ministère. C'était, du reste, une femme peu commune ; si elle avait le cœur d'un ange, elle avait aussi le courage d'un héros.

Permettez-moi, M. F., de m'arrêter quelques instants sur cette noble figure. Parler de la mère, n'est-ce pas encore parler du fils ? D'ailleurs, vous comprendrez mieux M. Lapeyre, lorsque je vous aurai dit quel sang généreux coulait dans ses veines.

C'était au temps de la Terreur ; Marie Bournet, (c'est le nom de celle dont nous parlons), n'était encore qu'une pauvre jeune fille.

Elle apprend, un jour, qu'on allait célébrer, en pleine place publique, une cérémonie impie et sacrilége. Alors, n'écoutant que sa foi, elle suit la foule ; et, sans se laisser arrêter, ni par son âge, ni par sa faiblesse, elle fait éclater, aux yeux de tous, son indignation.

[1] Actes des Apôtres. XVII, 16.

Elle fut mise en prison et, peu s'en fallut, qu'elle ne payât de sa tête cette courageuse protestation.

Rendue à la liberté, Marie Bournet n'en devint pas plus sage.

Quelques mois plus tard, on vint lui dire que les Révolutionnaires voulaient s'emparer, par la force, d'un couvent de Religieuses [1].

Elle soulève aussitôt les femmes de la ville, se met à leur tête, et, suivie de cette armée d'un nouveau genre, elle va monter la garde aux portes du couvent..... Grâce à ce secours inespéré, les pauvres Religieuses eurent le temps de prendre la fuite, emportant avec elles ce qu'elles avaient de plus précieux.

Tant que durèrent les mauvais jours, cette héroïque jeune fille ne se démentit pas un seul instant. C'est elle qui, la nuit, conduisait les prêtres au chevet des mourants; c'est elle qui portait la pierre sacrée et les ornements destinés au sacrifice. Que de périls elle dut affronter, et, que de fois, elle joua sa tête dans ce sublime ministère!

Devenue vieille, elle montrait avec orgueil à ses enfants, un pauvre secrétaire, noble souvenir et précieuse relique; car, c'est sur ce secrétaire que les prêtres persécutés avaient, dans l'ombre de la nuit, immolé si souvent la sainte Victime!

Telle fut, M. F., la mère de M. Lapeyre.

Vous comprenez de quelle façon cette femme admirable dut remplir ses devoirs et élever ses enfants.

Ah! je ne m'étonne plus maintenant du tendre souvenir

----

[1] Le couvent des Dames de la Foi.

que notre cher Curé avait conservé de sa mère, jusque dans les derniers jours de sa vie.

Il nous en a donné bien des preuves ; je n'en citerai qu'une seule.

M. Lapeyre lisait un jour la belle lettre pastorale dans laquelle son Éminence raconte, en termes touchants, la piété filiale qu'Abdel-Kader témoignait, en toute rencontre, à celle qui lui avait donné le jour.

M. Lapeyre lut cette belle lettre trois fois dans la même journée et, chaque fois, sa voix était tremblante et ses yeux pleins de larmes.

Pourquoi cette émotion ?...

Pourquoi, M. F.?... Ah ! c'est que M. Lapeyre songeait à sa bonne et sainte mère ; et qu'il ne pouvait y songer, sans se sentir profondément ému.

Cette noble mère était, du reste, bien secondée dans l'éducation de ses enfants. Celui que Dieu lui avait donné pour appui et pour compagnon était digne de comprendre ses soins et de les partager.

Il mourut jeune encore, victime de son dévouement ; emporté par le typhus, qu'il avait gagné en soignant les prisonniers espagnols. Sa mort nous dit assez qu'elle dut être sa vie.

A ce double rayonnement du foyer domestique, vous devinez quelle fut l'enfance du jeune Marie Lapeyre.

A peine âgé de douze ans, il se faisait déjà remarquer par les deux qualités qui étaient le fond de son caractère, et qui devaient être la gloire en même temps que la force de sa vie ; je veux dire sa tendre piété et cette bonté compatissante qui lui gagnait tous les cœurs.

A l'école, comme dans sa famille, tout le monde l'ai

mait ; si bien que, lorsqu'il quitta la pension, ses jeunes camarades ne purent s'empêcher de le pleurer.

Voilà donc notre écolier sur le point de partir ; et, où va-t-il ainsi ? Vous me le demandez, M. F ? Mais où peut-il aller, si ce n'est du côté du sanctuaire ?

Si d'autres naissent orateurs ; si d'autres naissent philosophes ; si d'autres naissent poètes, lui est né prêtre. Il est créé et mis au monde pour être le pasteur des âmes.

Il est donc tout naturel qu'il prenne, quoique bien jeune, le chemin qui conduit au sanctuaire.

Qui pourrait dire, M. F., l'impresion profonde que dut produire sur cette âme, si bien préparée, la vue du prêtre vénérable qui dirigeait alors le Petit-Séminaire ?

Cet homme, il vous en souvient, Messieurs, semblait avoir une auréole ; n'en soyons pas surpris ; la mission que Dieu lui avait confiée était grande entre toutes ; et, vous savez comment il l'a remplissait.

Aux mauvais jours de la Révolution avaient succédé des jours plus calmes et plus sereins ; mais hélas ! que l'Église de France et l'Église de Bordeaux, en particulier, étaient dans un triste état !

Nos temples avaient été pillés, saccagés, détruits. Un grand nombre de prêtres étaient morts sur l'échafaud ou dans l'exil.

Ceux qui avaient échappé au couperet de la guillotine ou aux tortures de la terre étrangère sentaient, avec douleur, que leurs forces trahies par l'âge et par les infirmités, n'étaient plus à la hauteur de leur dévouement. La moisson était abondante ; mais, que les ouvriers étaient rares !

M. l'abbé Lacombe avait été chosi de Dieu, comme un

autre Zorobabel pour relever, parmi nous, les ruines de Jérusalem.

Il me semble que cet Homme de Dieu dut éprouver un bon pressentiment, lors qu'on lui présenta cet enfant à la figure si candide. Il me semble aussi que l'enfant dut s'estimer heureux sous la conduite d'un tel père. Ne retrouvait-il pas, au Petit-Séminaire, la vie de famille? N'étais-ce pas la même vigilance paternelle, la même affection cordiale?

Je voudrais, M. F., pouvoir vous raconter ici cette vie de M. Lapeyre, depuis le jour où il entra au Petit-Séminaire, jusqu'au jour mémorable où, prêtre de Jésus-Christ, il put franchir pour la première fois les degrés du saint autel et offrir l'auguste victime.

Pendant quatorze ans, M. Lapeyre vécut à l'ombre du sanctuaire. Oh! qui nous racontera cette vie du Séminaire? Dieu seul la connaît! Lui seul pourrait nous dire tout ce qu'il y eut de bonnes pensées, de pieux sentiments, d'efforts généreux durant ces quatorze années d'initiation sacerdotale.

Il y a, dans le ciel, beaucoup d'étoiles, que l'œil de l'homme peut contempler à l'aise; mais, il y en a beaucoup d'autres, et en bien plus grand nombre, que nous pouvons à peine apercevoir, ou qui se dérobent entièrement à notre vue, et ce sont, nous disent les savants, les étoiles les plus magnifiques.

L'âme de l'homme, mes Frères, l'âme du chrétien surtout, ressemble au firmament; elle est pleine de soleils. Mais, que sont ces soleils, que la foule admire, comparés à ces autres soleils mystérieux, que le monde ne peut voir, et que l'œil de Dieu seul peut contempler?

Oh! qui nous dira quelles furent les vertus cachées de cet angélique jeune homme?

Je voudrais pouvoir vous le peindre tel que l'ont vu, tel que l'ont admiré ses condisciples !

« Il avait déjà l'air sérieux, grave et reposé d'un vieillard, nous disait un de ses vieux amis. C'était déjà cette bonté affectueuse que vous avez eu, tant de fois, l'occasion d'admirer. »

Quelle âme pure et candide !

Que sa piété était sincère! et, en même temps, quel amour pour l'étude et pour la science sacrée, et comme il y faisait de rapides progrès !

C'est qu'aussi, M. l'abbé Lapeyre était à bonne école. Il avait pour maîtres et pour directeurs ces Prêtres de Saint-Sulpice, si habiles dans l'art de former les jeunes lévites, et dont on peut bien dire encore avec l'illustre Archevêque de Cambrai : « Je ne connais rien de plus apostolique. »

C'est à leur école, et en imitant leurs pieux exemples, que notre jeune séminariste acquit bientôt ces fortes vertus sacerdotales, qui ont fait l'ornement de sa vie, et qui sont sa couronne dans le ciel.

Aussi, avait-il conservé pour ces maîtres vénérables le plus profond respect, uni à une tendre affection. Ses maîtres le lui rendaient bien. Si vous en doutiez, écoutez ce qu'écrivait, à la nouvelle de la mort de M. Lapeyre, M. Hamon, curé de Saint-Sulpice à Paris, et ancien supérieur du Grand-Séminaire de Bordeaux : (La lettre était adressée à M. le Curé de Brannes.)

« J'apprends avec douleur que votre saint frère a quitté la

terre, où il faisait tant de bien, et est parti pour le ciel, où il recevra sa récompense. »

Si l'intérêt de l'Église, dont il était un si digne ministre, si l'intérêt des âmes qu'il soignait avec tant de zèle, l'affection fraternelle ou paternelle que je lui portais ne me faisaient désirer la prolongation de sa vie sur la terre, je n'aurais pas de douleur d'apprendre sa mort : je m'en réjouirais et en bénirais le Seigneur. Je ne verrais dans cette mort que le passage à une vie meilleure. Mais quand on pense à tout le bien qu'il faisait et qu'il aurait continué de faire ; mais, quand je pense au plaisir que j'aurais eu à le revoir, si la Providence m'avait ramené à Bordeaux, je ne puis que le regretter vivement. — Je vous remercie de m'avoir fait informer de cette mort.

Si je pouvais, en Carême, m'absenter et arriver à temps, je serais parti pour Saint-Émilion, afin de manifester, par ce voyage, toute la vénération et toute l'estime que je portais à ce cher défunt. »

Un autre professeur de M. Lapeyre [1], parlait de lui en ces termes :

« Quel vrai prêtre était celui-là ! Il était prêtre en tout ! désintéressé au degré que vous savez encore mieux que moi ; un cœur d'or, sous les dehors de cette simplicité patriarcale, qui devient de plus en plus rare, dans le clergé comme ailleurs. S'il ne jouit pas encore de la béatitude, je suis persuadé que ce n'est pas différé pour longtemps. »

Revenons à notre séminariste. Il se livrait au travail avec tant d'ardeur, que sa santé, si robuste pourtant, en

____

[1] M. l'abbé Caduc, prêtre de Saint-Sulpice, à Paris.

2

fut altérée. Il se vit contraint de suspendre ses études pour venir prendre un peu de repos dans sa famille.

Cette première épreuve surmontée, il dut en subir une autre bien plus douloureuse pour sa foi, et qui lui inspira de vives inquiétudes. Comme il avait la parole un peu embarrassée, ses supérieurs n'osaient l'appeler aux saints ordres, de peur, sans doute, que ce défaut naturel ne paralysât son ministère.

Que de larmes il répandit alors! Il voulait tant être prêtre! Il sentait si bien que c'était là sa destinée, sa vocation, sa vie tout entière !

Oh! laissez-lui donc courber la tête sous le joug du Seigneur !

Je le sais : il faut à l'Église des philosophes ; il lui faut des savants ; il lui faut des orateurs ; mais il lui faut surtout des Vincent-de-Paul.

D'autres ont besoin de faire de beaux discours ; M. Lapeyre n'aura pas même besoin de parler pour convertir les âmes ; il n'aura qu'à se montrer.

On comprit cela au Grand-Séminaire, et c'est parce qu'on le comprit qu'on bannit enfin toute hésitation. M. Lapeyre fut appelé au sous-diaconat, et, quelques mois après, il recevait la prêtrise.

C'est le **31 mars 1828**, que votre digne Pasteur fut ordonné prêtre.

Mgr de Cheverus, archevêque de Bordeaux, étant retenu à Paris au conseil du roi Charles X, c'est à Agen, des mains de Mgr Jacoupy, de sainte mémoire, que l'abbé Lapeyre reçut la consécration sacerdotale.

Avec quelle ferveur ce pieux lévite dut s'étendre sur le pavé du sanctuaire! Comme son cœur dut tressaillir, lorsque le vénérable Pontife lui adressa ces paroles : « Recevez » le Saint-Esprit; les péchés seront remis à ceux à qui » vous les remettrez; et ils seront retenus à ceux à qui vous » les retiendrez. »

Toutefois, si M. Lapeyre était heureux d'être prêtre, il devait être triste aussi, car il lui fallait quitter le Séminaire.

Il allait donc dire adieu à ces autels, où il avait prié si souvent loin du bruit et des séductions du monde! Il allait quitter cette chère cellule, où il avait trouvé dans l'étude tant de lumières et de si douces jouissances.

A mesure, M. F., que l'homme avance dans la vie; à mesure que le silence se fait autour de lui; quand il sent la neige des années tomber toujours plus épaisse sur sa tête appesantie, il regrette chaque jour davantage les années de son printemps.

Le prêtre a ses regrets, lui aussi. Il ne regrette pas le printemps de sa vie, car, comme homme, il n'a pas connu de printemps; mais il regrette le printemps de son sacerdoce, c'est-à-dire son Séminaire. Il regrette cette atmosphère si sereine, si pure, si embaumée, si favorable à la méditation, aux saintes pensées et à la pratique de la vertu.

Que de fois nous voudrions revenir à ces temps heureux de notre jeunesse lévitique! C'est un désir que M. Lapeyre a exprimé bien des fois devant nous. Mais il faut suivre la la voix de Dieu.

Où donc cette voix divine va-t-elle conduire son jeune prêtre? qui aura les prémices de ce zèle sacerdotal si pur et si dévoué?

C'est à Sainte-Foy, M. F., c'est dans sa ville natale que M. l'abbé Lapeyre fut envoyé tout d'abord.

Il y avait alors à Sainte-Foy un vénérable curé, M. Borderie. Obligé de passer en Espagne sous la première révolution, il était revenu aux jours plus calmes reprendre la direction de sa paroisse. C'est lui qui avait baptisé M. Lapeyre, et il l'aimait comme son fils. C'étaient, du reste, deux cœurs faits pour se comprendre ; c'étaient deux âmes de même trempe.

Les voyez-vous tous deux, le vieillard et le jeune homme, travaillant ensemble cette portion de la vigne confiée à leurs soins?

On aurait dit que M. Lapeyre était encore au Séminaire. C'était la même piété, la même docilité, la même vie parfaitement réglée.

Aussi, bien que nul ne soit prophète dans son pays, c'était à qui lui donnerait le plus de marques d'estime. Quoiqu'il fût encore bien jeune, tout le monde voulait se confesser à lui.

Entre toutes ces âmes que M. Lapeyre cultivait avec tant de zèle, il y en avait une dont il prenait un soin tout particulier. Peut-être son cœur si bon, était-il attiré par les malheurs de cette âme d'élite, peut-être aussi une voix intérieure, un secret instinct lui disait-il que cette chrétienne si éprouvée, mais si noblement patiente dans ses épreuves, donnerait un jour à la Sainte Église l'un de ses Évêques les plus pieux et les plus aimables.

« Quel bien votre frère a fait à ma mère, écrivait, l'an passé,
Mgr de Langalerie ! Il l'a dirigée pendant de bien longues années ; il l'a soutenue dans des circonstances difficiles, dans
des moments bien pénibles ! Elle avait pour lui la plus grande
estime et un affectueux respect. »

M. Lapeyre était déjà à cette époque le prêtre infatigable
que nous avons si bien connu ; toujours actif, toujours en
course pour visiter les malades, pour secourir les pauvres,
pour consoler les malheureux.

Il y avait un an que durait cette vie si pleine de bonnes
œuvres, lorsqu'il plut à Dieu d'appeler à lui le pieux curé
de Sainte-Foy.

Je n'essayerai pas de vous dire quelle fut la douleur
de M. Lapeyre. Privé, bien jeune encore, de l'auteur de
ses jours, il avait donné toute son affection à son vieux
curé. Quel chagrin ce dut être pour lui de le voir partir
sitôt !

Dieu lui enlevait ce dernier appui pour lui faire comprendre, sans doute, que désormais il devrait marcher et combattre seul.

Il y a, M. F., à quelques kilomètres de Sainte-Foy, une
petite paroisse appelée Saint-Avid-du-Moiron.

Cette paroisse, à l'époque dont nous parlons, était presque abandonnée depuis avant 93. Les habitants qui connais-
saient M. l'abbé Lapeyre, et qui l'avaient vu à l'œuvre bien
des fois, le demandèrent pour curé. C'était la voix de Dieu
qui l'appelait ; le jeune vicaire partit donc aussitôt, accom-
pagné de sa vieille mère.

Mais que de difficultés il allait rencontrer ! Il ne perdit pas courage. Il s'occupa d'abord du lieu saint ; il voulut le mettre, sinon dans un état digne de Dieu, au moins dans un état convenable.

Mais qui fournira l'argent nécessaire aux réparations les plus urgentes, le pays n'est pas riche, et les catholiques sont en bien petit nombre ?

Ne craignez rien ; la générosité du Pasteur saura se passer de toutes les ressources.

Les difficultés même que rencontra M. Lapeyre, dans la construction de son église, ne diminuèrent en rien le soin qu'il prenait du salut des âmes. Avec quel zèle il travaillait à leur conversion et à leur sanctification !

C'est par la charité surtout qu'il faisait la guerre aux ennemis de Dieu ; c'est par la charité qu'il en triomphait.

La charité était dès-lors, comme elle le sera jusqu'à la fin, son arme la plus terrible. Et ici, M. F., je prends ce mot de charité dans son sens le plus large. Charité signifie, vous le savez, *don de soi-même*. Eh bien ! si jamais homme a su se donner, n'est-ce pas M. Lapeyre ? n'était-il pas la générosité même ?

C'est cette générosité qui le rendait tout-puissant.

Les ministres protestants eux-mêmes étaient forcés d'en convenir. Ils avouèrent bien souvent qu'ils n'avaient rien à faire avec un pareil curé !

M. Lapeyre demeura onze ans dans cette humble paroisse de Saint-Avid, dépensant son patrimoine pour la gloire de Dieu, et se dépensant lui-même tout entier.

Tant de dévouement ne pouvait rester longtemps inconnu. Mgr le Cardinal, qui connait si bien tous ses prétres , avait en grande estime M. l'abbé Lapeyre. Il comprit qu'il fallait un champ plus vaste à un zèle si ardent ; il le nomma donc à la cure de Gensac.

Faut-il vous raconter, Mes Frères, la vie de M. Lapeyre dans ce nouveau poste ? Mais cette vie ne la devinez-vous pas ?

Il fut à Gensac ce qu'il avait été à Saint-Avid : prodigue de sa bourse, prodigue de son temps, prodigue de sa santé, prodigue de toute sa personne.

L'éducation des jeunes filles laissait à désirer ; il s'empresse de faire venir des religieuses ; et comme il ne sait où les loger, il leur cède son presbytère et se retire dans une maison éloignée, ressemblant plutôt, comme le disait Monseigneur, à un misérable taudis, qu'à la demeure d'un curé.

Après avoir pourvu à l'éducation des jeunes filles , M. Lapeyre s'occupa, avec non moins d'activité , de l'éducation des garçons. Il dépensa environ vingt mille francs de son patrimoine pour ces deux œuvres si utiles et si fécondes. Et ne croyez pas que ces sacrifices, si grands qu'ils fussent, aient jamais arrêté les effets ordinaires de sa libéralité ; non, ses aumônes étaient toujours aussi abondantes et aussi nombreuses !

Il y avait six ans que M. Lapeyre était à Gensac. Il pouvait s'y reposer tranquille , il pouvait jouir en paix du bien qu'il avait opéré et des œuvres qu'il avait fondées.

Les scandales étaient réparés , grâce aux saints exemples qu'il n'avait cessé de donner ; c'était autour de lui comme un immense concert de louanges et de bénédictions. Catholiques et protestants, pauvres et riches , tous le vénéraient comme un saint, et l'aimaient comme un père ; il était vraiment le roi de sa paroisse !

Tout-à-coup, les habitants de Gensac apprennent, avec non moins de surprise que de douleur, que leur curé va les quitter.

Et où va-t-il? Il va recommencer à Grésillac ce qu'il a si bien fait à Saint-Avid et à Gensac. Il va encore relever des ruines, réparer des scandales, combattre et se dévouer ; telle est la mission qu'il a reçue du ciel! C'est l'amour de Dieu et des âmes qui le conduisent dans son nouveau poste. C'est aussi (et qui pourrait l'en blâmer?) c'est la tendre affection qu'il a toujours eue pour son frère.

Ce frère bien-aimé était dangereusement malade à Branne. M. l'abbé Lapeyre voulait être près de lui pour le soigner à son aise et pour le suppléer.

Quel bonheur pour cette âme, que le zèle de la maison de Dieu dévore, de pouvoir se consacrer, en même temps, au bien spirituel de deux paroisses !

Chaque jour, il se levait de grand matin, célébrait la sainte Messe ; et, ses œuvres terminées prenait, en toute hâte, la route de Branne.

Ni la fatigue, ni le mauvais temps, ni le froid le plus aigu, ni les chaleurs les plus accablantes, ne purent jamais l'arrêter. L'ardeur de son dévouement ne connaissait aucun obstacle.

Il fit ce rude métier pendant plusieurs années ; et rien n'était en souffrance ; ni dans sa paroisse de Grésillac, ni dans celle de Branne, où il remplissait toutes les fonctions du saint ministère.

C'est alors que son Éminence l'appela à la cure de Saint-Émilion.

Le voilà donc enfin au milieu de nous, ce cher Curé. Quel vaste champ va s'ouvrir devant son zèle et sa charité !

Avant M. Lapeyre, cette grande paroisse avait eu à sa tête deux prêtres distingués, d'un talent remarquable et d'une piété éprouvée. Et je suis sûr, M. F., que pas un de vous ne me contredira, si j'affirme que leur souvenir est demeuré vivant dans tous les cœurs.

Tous deux avaient passé dans cette commune, en y faisant le bien ; tous deux, sans se laisser décourager par les obstacles, avaient travaillé d'une main ferme et prudente, à ramener le règne de Dieu parmi nous. Mais, le temps, sans lequel nous ne pouvons rien, le temps leur avait manqué ; disons mieux, la divine Providence ne leur avait pas permis d'achever leur œuvre. Quoiqu'ils eussent fait beaucoup, il restait encore beaucoup à faire.

Lorsque l'étranger, attiré par l'amour des sites pittoresques ou des grands souvenirs, vient visiter notre vieille cité, ce n'est pas sans émotion qu'il en parcourt les rues étroites et sinueuses. Malgré lui il éprouve, je ne sais quelle impression pénible, je ne sais quel serrement de cœur ; car, de quelque côté qu'il se tourne, de quelque côté qu'il porte ses regards, il n'aperçoit que des ruines.

Hélas ! si tristes qu'elles soient, qu'étaient ces ruines, il y a vingt ans, qu'étaient-elles, comparées aux ruines spirituelles ?

Celles-ci dataient de bien loin. On a cru qu'elles venaient

de la Révolution. C'est une erreur! La Révolution de 93 n'a pas fait ces ruines ; elle les a châtiées.

Ces ruines spirituelles avaient été restaurées en partie ; mais, comme je l'ai déjà dit, il restait encore beaucoup à faire. Il y avait encore bien des âmes à convertir ; bien des scandales à réparer.

Venez donc, saint Prêtre de Jésus-Christ, venez souffler sur ces ossements arides ; et ils revivront ; venez surtout, venez mourir au milieu de nous. Ah! nous ne saurons jamais trop bien de quelle façon meurent les véritables prêtres. Et puis, ne faut-il pas une victime à la juste colère de Dieu? Venez, vous serez cette victime! *Omnia impendam et superimpendar ipse pro animabus.* Je dépenserai tout et je me dépenserai moi-même pour les âmes [1].

C'était une des nobles devises de l'Apôtre saint Paul.

Depuis le premier jour où le grand Apôtre écrivait ces paroles, que de martyrs, que de missionnaires, que de saints prêtres les ont réalisées? Et cependant, entre toutes ces âmes généreuses, il en est peu qui les aient mieux réalisées que notre saint Pasteur.

Vous le savez, mieux que nous, vous que le malheur ou de longues maladies ont réduits à la pauvreté : vous a-t-il refusé une seule fois l'aumône que vous lui demandiez? Que dis-je? n'allait-il pas vous l'offrir lui-même?...

A-t-il jamais calculé lorsqu'il fallait secourir les indigents? Que de faits admirables je pourrais vous raconter, M. F., si les termes de ce discours ne me forçaient à taire mille traits d'une vie vraiment angélique, que toutes les

---

[1] 2 Cor., XII, 15.

bouches aiment à redire dans leurs naïfs détails et leurs circonstances touchantes !

M. Lapeyre donnait, donnait toujours. Une fois il ne lui restait que dix francs, et il fallait avec cela vivre plusieurs jours, lorsque un pauvre vient frapper à sa porte. Ce fut en vain qu'on fit valoir les arguments de la plus vulgaire prudence ; tout ce qu'on put obtenir, c'est qu'il partageât avec l'indigent.

Lorsque l'argent lui manquait, ce qui est arrivé bien des fois, il en empruntait jusques à sa domestique ; et, lorsque cette dernière ressource était épuisée, il donnait ce qu'il pouvait, les premiers objets qui lui tombaient sous la main : ses vêtements ou sa chaussure. On le surprit un jour, tirant de son lit la dernière couverture, pour la donner à un pauvre malade. Combien de fois il partagea avec eux jusqu'aux mets de sa table !

Il était si heureux de se faire pauvre lui-même pour venir au secours des pauvres ! Aussi est-il mort dans la plus complète indigence.

Bien que je veuille être sobre de tels faits, parce que toutes les mémoires dans ce pays en sont pleines, il en est un cependant que je ne puis m'empêcher de vous raconter, car, il vous montrera les écarts d'imprévoyance de M. Lapeyre, en même temps que son ingénuité.

Un jour, comme il partait pour Branne, il rencontre un pauvre sur son chemin. Selon sa noble habitude, M. Lapeyre n'attend pas que le mendiant lui tende la main ; il prend une poignée de sous et les lui donne en le saluant. Mais, à peine a-t-il fait quelques pas, qu'il s'aperçoit qu'il a fait la poignée trop grosse : il ne lui reste plus rien, pas

un pauvre sou, et il faut passer le pont. M. Lapeyre se ra-
vise. Il rebrousse chemin, appelle le mendiant et le prie
de lui rendre seulement un sou, pour acquitter le péage.

Que de fois, nous disait quelqu'un qui l'a bien connu,
que de fois il a fait des courses de trente kilomètres pour
donner aux pauvres l'argent que lui auraient coûté les voi-
tures !

Oh ! que cet homme était charitable ! Vous le savez mieux
que personne, pauvres habitants de cette commune ; votre
deuil et vos larmes nous le disent éloquemment.

Vous le savez aussi vous, pères et mères, dont les petits
garçons et les petites filles reçoivent une éducation si chrétienne.

Désormais, quoi qu'il arrive, vous ne serez plus obligés
de prélever sur vos modiques journées le prix des mois
d'école ; et, ce bienfait, c'est à M. Lapeyre que vous le devez en grande partie, puisque, pour vos écoles seulement,
il a dépensé la somme énorme de trente-cinq mille francs.

Mais, je ne vous ferais pas suffisamment connaître cet
homme de Dieu si, après avoir célébré sa générosité, je
ne vous peignais, en quelques mots, ce qui en était l'âme
et la vie, je veux dire son ardente piété.

Quel bon prêtre ! « quel saint prêtre, nous disait, l'an
passé, le directeur de sa conscience ! » Oui, M. Lapeyre
n'avait pas seulement la charité d'un saint, il en avait aussi
la tendre et fervente piété.

Voyez-le au pied des autels : quel recueillement ! quelle

dévotion! comme il priait avec ferveur! comme il disait bien la sainte Messe! Et puis, comme il aimait son église! cette belle église dont nous sommes si fiers, il en était fier plus que nous. Quels beaux rêves il faisait pour la restaurer, la parer, l'embellir!

C'étaient des rêves, si vous le voulez; mais ces rêves prouvent au moins quel zèle il avait pour la maison de Dieu.

Cette âme était si belle et si pure qu'elle semblait rayonner au dehors. Oh! qu'il faisait bon contempler cet homme! Ne vous semble-t-il pas le voir encore avec sa douce et aimable figure, sereine et candide comme la figure d'un enfant! Quel sourire naïf et affectueux!

M. F., vous n'oublierez pas cette figure; le souvenir de ces traits vénérés est pour vous tous ineffaçable.

Hélas! pourquoi faut-il qu'il nous ait quittés sitôt! Nous pensions le posséder bien longtemps encore; tout nous le faisait espérer; mais Dieu a ses desseins que nous ne connaissons pas; n'est-il pas écrit qu'il se joue dans l'Univers : *Ludens in orbe terrarum* [1]?

Depuis quelque temps, notre bon curé se sentait plus fatigué qu'à l'ordinaire; mais la fatigue était si peu de chose pour lui, qu'il n'y prenait pas garde; c'était au mois de mars 1868; le temps était froid et pluvieux. Une nuit on vint le chercher pour un malade dont la demeure était située à l'extrémité de la paroisse. Quoiqu'il fût malade lui-même, M. Lapeyre, n'écoutant que son zèle, se lève aussitôt et se met en route; il serait allé jusqu'au bout du monde pour visiter un mourant ou consoler un malheureux.

[1] Prov. VIII, 31.

Oh ! qu'il dut souffrir ! Ses pieds gonflés par la marche et entamés par une mauvaise chaussure marquaient la terre d'empreintes sanglantes. Il dut s'arrêter à plusieurs reprises et s'asseoir quelques minutes au bord du chemin, afin de reprendre haleine et pouvoir ainsi continuer sa route. Lorsqu'il revint au presbytère, il semblait plus mort que vivant. Un autre aurait gardé la chambre ; M. Lapeyre continua comme il put toutes les fonctions de son saint ministère. Il voulait, sans doute, qu'on pût dire aussi de lui : « Il cessa de travailler la veille du jour où il cessa de vivre. »

C'est ainsi qu'il est mort presque tout d'un coup, sans longues souffrances et sans agonie.

M. F., vous n'oublierez pas cette belle mort !

Vous vous rappellerez toujours le deuil qui la suivit, et dont je vois encore en ce jour, après un an de regrets, de si éloquentes marques. Ce fut un coup de foudre pour cette paroisse, et dans tout le diocèse, ce fut un concert de louanges en l'honneur de celui qui n'était plus.

Et maintenant, M. F., avant de nous séparer, avant de dire ensemble un dernier adieu à ces restes chers et vénérés, prêtons l'oreille, écoutons la voix qui sort de cette tombe : *Defunctus adhùc loquetur*. Le mort parle encore[1] !

Et, que nous dit M. Lapeyre ? Que peut-il nous dire, sinon que nous gardions le souvenir de sa vie ?

Vous le garderez donc précieusement, mes chers compatriotes ; vous n'oublierez ni le bien que vous a fait M. Lapeyre, ni les vertus dont il vous a donné l'exemple.

Et comment pourriez-vous l'oublier, lorsqu'il revit si bien

---

[1] Hæbr. XI, 4.

dans son successeur ; lorsque tout en celui-ci retrace dans vos cœurs l'image fidèle de celui que vous avez perdu ?

Nous aussi, prêtres de Jésus-Christ, nous garderons précieusement ce cher souvenir ; il nous aidera à bien vivre et à bien mourir.

Et vous, vous qui pleurez un frère tendrement aimé[1], ah ! puissent ces regrets unanimes ; puissent ces larmes que nous mêlons à vos larmes, adoucir un peu votre juste douleur !

Une voix plus autorisée que la mienne vous l'a dit : « En perdant ce frère bien-aimé, vous avez perdu toute votre consolation en ce monde ; mais n'avez-vous pas gagné, et nous, avec vous, un protecteur de plus dans le ciel ? »

Ainsi soit-il.

[1] M. Lapeyre jeune, curé de Branne.

Bordeaux. — Imprimerie de F. Degréteau et Cie.